Hans Kruppa
NUR DU

Von Hans Kruppa sind außerdem erschienen:

Umarme die Liebe
Der Kuß des Schmetterlings
Kaito
Das goldene Buch der Liebe
Nur Du. Hörbuch

Über den Autor:

Hans Kruppa ist einer der meistgelesenen deutschen Lyriker und Erzähler. Er lebt als freier Schriftsteller in Bremen.
Seine Gedichte und Märchen, Erzählungen und Romane, Aphorismen und Kurzgeschichten hat er in mehr als 60 Büchern mit einer Gesamtauflage von über 1,5 Millionen veröffentlicht. Einige seiner Bücher wurden in andere Sprachen übersetzt.
Mehr Informationen über den Autor im Internet:
www.hans-kruppa.de

Hans Kruppa

NUR DU

Liebesgedichte

KNAUR

Herausgegeben von
Hans Christian Meiser.

Besuchen Sie uns im Internet:
www.knaur.de

Vollständige Taschenbuchausgabe 2003
Copyright © an den Texten: Hans Kruppa, 2000, 2003
Copyright © für diese Ausgabe: Droemersche Verlagsanstalt
Th. Knaur Nachf. GmbH & Co., München 2003
Alle Rechte vorbehalten. Das Werk darf – auch teilweise –
nur mit Genehmigung des Verlages wiedergegeben werden.
Umschlaggestaltung: ZERO Werbeagentur, München
Satz: Ventura Publisher im Verlag
Druck und Bindung: Clausen & Bosse, Leck
Printed in Germany
ISBN 3-426-62378-1

5 4 3 2

INHALT

ANNÄHERUNG

ANS LICHT

Sag deiner Seele,
sie soll ihr
schönstes Kleid tragen
heute abend.
Sag ihr,
es ist soweit:
die Sterne haben
ihren Segen gegeben.
Was nun geschieht,
führt näher ans Licht.

BRANDSTIFTUNG

Auf dich war
ich nicht vorbereitet.
Wie ein Blitz
aus heiterem Himmel
hast du mein Herz getroffen
und in Brand gesteckt –

ein Feuer,
in das du
deine Hände legen kannst.

ANSTOSS

Was du in mir bewirkst,
ist mein Problem
oder meine Erlösung.
Ich mache dich nicht verantwortlich
für die Fragen,
vor die du mein Leben stellst.
Du öffnest mir die Tür;
welchen Weg ich wähle,
liegt allein an mir.

WEG

Du das eine,
ich das andere Ufer,
zwischen uns der Fluß,
der Weg –
eine Bewegung
ins Uferlose.

Was uns ernährt

Liebe kann beginnen,
wenn zwei
mit dem Brennstoff
ihrer Träume
ein Feuer anzünden,
das mehr Licht und Wärme
in ihr Leben bringt.

Liebe kann enden,
wenn einer der beiden
zu spät neuen Brennstoff
nachlegt.

Denn was uns ernährt,
will ernährt sein.

ENTWICKLUNG

Man ist verwickelt.
Man entwickelt sich.
Man stößt auf Knäuel.
Man entwirrt sich.
Man stößt auf Knoten.
Man löst sich.
Man lernt Geduld.
Man duldet die Verwicklung.

Irgendwann findet man den roten Faden.

LUST AUF LEBEN

Zu tief,
um sie ganz zu ermessen,
ist meine Lust auf Leben,
meine Sehnsucht nach der Kraft,
aus der Musik entsteht
und Liebe ihre Schönheit schöpft.

Ich will spüren, daß ich lebe,
daß ich schwebe hoch über den Wolken,
die nur die Sicht behindern
auf den Himmel des Möglichen.

Ich will dich verführen,
mit mir Liebe zu tauschen;
das ist viel besser, als Worte
hin und her zu spielen
wie einen Tennisball auf dem
kleinen Platz der Sprache.
Das ist immer eine Reise
an die Quelle des Lebens,
wo das Glück noch rein ist,
ungetrübt von Skepsis
und den Erfahrungen des Scheiterns.

Ohne dich habe ich diese Worte.
Mit dir bin ich sprachlos.

SCHÖNER REINFALL

Ein bißchen reingefallen
bin ich auf dich,
aber der Fall war schön,
die Landung tat kaum weh –
so sanft bin ich
auf den Boden
der Tatsachen gekommen.

TRAUM

Auf der Suche
nach mir
klopfte ich
an deine Tür,
denn es war mir,
als hätte ich
mein Licht
durchs Schlüsselloch
fallen gesehen.
Doch deine Stimme rief:
»Ich kann nicht öffnen,
ich schlafe tief.«

FROHE BOTSCHAFT

Ich kam mit
einer frohen Botschaft,
aber du hast mich
von einem Wartesaal
zum anderen gebeten.
In ungezählten Vorzimmern
mußte ich mit deinen Ängsten
in Verhandlung treten,
und als ich endlich
deinen Innenraum betrat,
standst du am Fenster
und warntest mich:

»Wenn du auch nur
ein Wort sagst,
spring ich!«

Ich schwieg
und schwieg und schwieg,
bis ich traurig wurde.

Schließlich wandtest
du dich vom Fenster ab
und kamst auf mich zu.

Da hatte ich
die frohe Botschaft vergessen.

Aber dann sagtest
du sie mir.

KEINE ANGST

Hast du ein wenig
Platz in deinem Herzen übrig?
Es sieht so groß aus –
auf den ersten Blick.

Keine Angst,
ich mache mich nicht breit,
bin auch nicht aus auf Ewigkeit;
mir genügt deine Zärtlichkeit.

Oder hast du keine Zeit
für die zeitlosen Stunden und Momente,
von denen das Leben lebt?

CAFÉ AM ABEND

Als wir
an jenem Tisch saßen,
waren wir im Himmel –
Jedenfalls sah ich dich
als Engel
und fühlte mich
wie ein junger Gott.

Die Leute
um uns herum
merkten nichts –
und ich wünschte mir,
es wäre Liebe gewesen,
was sie so blind machte.

VORWARNUNG

Vorsicht –
komm mir nicht zu nah,
ich bin ansteckungsgefährlich.
Den Virus, den ich meine,
nennt man landläufig Liebe.
Er springt besonders gern
von meinen Augen in deine,
und wenn sie sich schließen,
verlegt er sich aufs Küssen.
Er ist flexibel und gerissen,
versteht sich auf die Kunst der Tarnung
und breitet sich ohne Vorwarnung
in deinem Herzen aus,
als fühle er sich dort wie zu Haus.

Schon bist du infiziert
und siehst die Welt
mit neuen Augen,
und deine alten Freunde
erkennen dich nicht wieder.
Wer weiß, wohin das führt?
Am Ende schaust du in den Spiegel
und siehst einen Menschen,
der dir ein Rätsel ist.
Und du lachst ihm ins Gesicht.

HEILMITTEL

Ich schreib dir
deine Lähmung aus
mit einem Heilmittel
aus Poesie:

ich pflanze dies Gedicht
in dich hinein.
Ein Kraut,
das gegen deine Angst
gewachsen ist.

WAS ICH NICHT SAGE

Gib nicht soviel
auf meine Worte,
die süßen
und die herben.

Gib mehr auf das,
was du fühlst,
wenn wir uns nah sind.
Höre auf das,
was ich nicht sage.

Schau mal rein

Schau mal rein –
heut abend
bin ich allein
für dich da,
als gäb es auf
der ganzen Welt
nichts, was zählt
außer unserer Zeit
zu zweit.

Schau mal rein
in mich
wie ich in dich –
vielleicht wirst du
dasselbe sehen
und nicht verstehen:
wie können Gefühle
so weit gehen,
ohne sich umzudrehen?

Schau mal rein
in mein Geheimnis.
Vor deinen Augen liegt es
wie ein offenes Buch
mit der Geschichte
unserer Liebe,
an deren Ende
das Wort »Anfang« steht.

SCHLÜSSELFRAGE

Dein Herz
hat eine Hintertür;
du hast sie aufgeschlossen,
als ich daran klopfte.

Auch mein Herz
hat einen Hintereingang
für ganz spezielle Gäste.

Wollen wir
Schlüssel tauschen?

ENTWEDER – ODER

Willst du
einen väterlichen Freund,
der das Kind in dir verwöhnt,
der alles versteht und verzeiht
und sein Herz an der Leine führt –
oder einen Geliebten
mit verletzbaren Gefühlen,
mit zerbrechlichen Träumen –
und dem Wissen
um eine Geheimtür
in der Mauer
zwischen uns?

DAS STÄRKERE GEFÜHL

Wenn ein Name
zum Zauberwort wird
und ein paar Augen
zu einer Geheimtür
auf der Suche nach
dem stärkeren Gefühl …

dann ist die Fülle,
die Herz und Seele satt macht,
auf einmal in der Luft,
die wir atmen.

SIE SASS WIE EINE STATUE

Sie saß wie eine Statue –
abgesehen davon,
daß der Wind ihr Haar
in Bewegung hielt.
Ich schaute sie lange an
und wartete auf ein Zeichen –
aber die Engel waren müde
oder spielten Harfe.
Wir waren allein
und trugen die volle Verantwortung
für alles,
was nicht passierte.

GLÜCKSSACHE

Ich warf mit Liebe um mich
wie die Karnevalsleute
mit Bonbons von ihren Wagen
bei den Rosenmontagszügen,
und – welch ein Glück:
du hast eins aufgefangen
und gleich probiert –
schon fielen die Masken,
und wir lachten uns
ins wahre Gesicht.

SUCHE MICH SCHWEIGEND

Bestürme mich
nicht mit Worten.
Erzähle mir keine Geschichten.

Suche mich schweigend
in meinem Schweigen.

So finden wir
am leichtesten den Weg
in ein gemeinsames Gefühl.

WIE WÄR'S?

Ich bin ein Ozeanriese
auf dem Meer deiner Gefühle,
aber wegen dieser
verdammten Eisberge
kann ich nur
mit halber Kraft fahren.

Wie wär's,
wenn du mal ordentlich
die Sonne scheinen läßt?

WENN WIR UNS SO ANSCHAUEN

Es ist mir egal,
wie du heißt und was
du gelernt hast und wo
du in der Gesellschaft stehst.
Wenn wir uns so anschauen,
gewinnen wir eine andere Welt,
die nur uns gehört,
die wir wie neugeboren betreten –
ohne die Last des Vergangenen
auf unseren Seelen.

ZUR RECHTEN ZEIT

Keinen Tag zu früh,
gerade als ich deine Existenz
als meine Wunschvorstellung
abtun wollte,
stolperte mein Leben
über deins
und fiel himmelhoch.
Du warst das Wunder,
an das ich nicht mehr glaubte,
die Tür,
an die ich nur noch
aus Gewohnheit klopfte,
der Anblick,
der meine Augen
an sich zweifeln ließ.

Als dann die Schleier
zwischen unseren Blicken fielen
und wir die Nahrung
unserer Liebe füreinander
in uns aufnahmen,
starben die Grenzen zwischen uns
an mangelnder Beachtung,
und das Leben feierte
ein Wiedersehensfest
in unserer Umarmung.

NIMM DEN ERSTEN ZUG

Auch wenn du kein Geld
und keine Reisetasche
mit frischen Sachen
und Zahnbürste dabei hast –

auch wenn du nicht weißt,
wohin die Reise geht
und wie du wieder
zurückkommen kannst –

nimm in der Liebe
immer gleich den ersten Zug.

NUR SO

Unser Weg zueinander
führt nicht über die
unsichere Brücke der Sprache.
Nur mit den Sinnen
finden wir den Sinn
unserer Zuneigung.

Schau mich an,
berühr mich, fühl mich,
rieche, schmecke mich,
entdecke mich mit
Herz und Hand und Haut.

Nur so wirst du
mit mir vertraut.

TAGE

Es gibt Tage,
da fühle ich nicht
das Glück,
das es bedeutet,
mit dir zu leben.
Tage,
an denen ich weine
hinter freundlichen Masken
aus Schwäche, Angst
und lieben Gewohnheiten,
denn:
ich stehe mir
im Weg
zu dir.

Und jeder Augenblick
ist kostbar.

Verliebt

Komm tanzen

Komm, wir streichen
die Stadt an
mit den Regenbogenfarben
unsrer Freude aneinander.
Deine Hand in meiner,
mein Lächeln in deinen Augen,
und nichts kann uns die Musik
unter den Füßen wegziehen,
wenn wir tausendundeinen
Zentimeter über den
Bürgersteigen tanzen.

WENN WORTE ÜBERFLÜSSIG WERDEN

Wenn Worte überflüssig werden,
weil der Augenblick
bis an den Rand
mit Sinn gefüllt ist,

beginnt das Leben
unwiderstehlich
von sich zu erzählen
und führt uns
mitten hinein in
faszinierende Geschichten –

wenn wir nur lauschen.

WIEDERSEHEN

Du hast Lichter
in mir entzündet
mit deiner zarten,
feinen Wesensart.

Hell ist es
in meinem Inneren,
seit ich mich
dir geöffnet hab.

Es war ein
schönes Wiedersehen.
Ich sehe wieder,
worauf es ankommt.

Unter freiem Himmel

Die Nacht gehört dir –
ich finde keinen Schlaf.
Du hast meine Seele erweckt
mit den wenigen Blicken,
die wir tauschten.

Seh ich dich wieder?

Was ich in dir spürte,
hat mich bewegt –
nun ist es zu spät
zum Umkehren.

Ich lebe wieder
unter freiem Himmel.
Dort, in der Heimatlosigkeit,
muß mein Zuhause sein.

Wie Kinder sein

Laß uns wie Kinder sein,
Kinder im Sonnenschein,
ohne Vergangenheit
und ohne Zweifel,
und laß uns
ganz lebendig sein –
dazu sind wir hier.

Laß uns den Augenblick genießen
und nicht an morgen denken,
und laß uns
alles Gute stärken,
das in uns wächst.

Komm zu mir,
ich komm zu dir –
wir begegnen uns überall.
Und gehst du von mir,
bleibt viel von dir hier –
wir schmücken uns damit
beim nächsten Mal.

Laß uns wie Kinder sein,
Kinder im Sonnenschein –
für den Flug
einer Seifenblase lang.

Es wird nicht
die letzte sein.

TELEFONLIEBE

Ich drücke
ein paar Zahlentasten,
und all die Kilometer
zwischen uns
scheinen wie aufgehoben,
als du »Hallo?« sagst.

Laß mich ein wenig
deine Stimme atmen
durch diesen
immerhin roten
Plastikhörer.

Ich bin süchtig
nach deiner Liebe,
die Telefonrechnung
ist mein Zeuge.

EIN GANZ BESONDERES LICHT

Dich liebe ich
mit deinem Traumlächeln,
das mir sagt,
wer du bist.

Dich liebe ich,
dein gelöstes Gesicht
und alles,
was es meinen Augen
schenkt und schenkt.

Du bist ein Kind
auf großer Reise,
und heute nacht
verleiht die Unschuld
deines Schlafes
der Dunkelheit
ein ganz besonderes Licht.

WER MIT IHR GEHT

Wünschelrutengängerin
des Lebenswassers –
wer mit ihr geht,
findet verborgene Quellen.
Ihre Nähe atmet Wildnis,
ihre Berührung stillt
den Durst der Tiefe,
ihre Umarmung öffnet
gefangener Liebe spielerisch
den Weg ins Freie.

Aus durchbrochenen Mauern
stammen die Meilensteine
ihres Weges.

LUXUS

Nicht,
weil ich traurig war –
nicht, weil ich mich freute –
sondern einfach,
weil ich nicht anders konnte,
weil ich innerlich überfloß,
flossen Tränen
aus meinen Augen
beim Blick in deine:

reiner Luxus
unserer Liebe.

LICHT

Das Dichten
ist mir fremd geworden
in den letzten Wochen,
in denen ich soviel
verloren und verlernt habe –
aber ich lerne dich kennen,
und dein stilles Lächeln
weist mir den Weg
zurück zu mir.
Du brauchst nichts
zu sagen,
nichts zu tun,
nur da zu sein,
nur du zu sein,
um mir heimzuleuchten.

In deinem Licht
kann ich nicht
fehlgehen.

GLÜCK

Tee mit Honig trinken
und Musik hören,
das ist Glück.
Sich freuen
über einen Freund,
weil er sich
über Kleinigkeiten freut,
das ist Glück.
Nichts wollen,
wunschlos sein,
das ist Glück –
und hier und jetzt sein,
ganz im Augenblick:
morgen kommt zu spät,
und gestern war einmal.

VORSÄTZE

Ich möchte nicht mit dir
zusammen alt werden,
sondern jung bleiben.

Ich werde deinen Ängsten
die Suppe versalzen
und deiner Liebesfähigkeit
mein Jawort geben.

Ich will lernen,
immer offener zu werden,
im Reden und im Schweigen.

Und wenn ich kann,
will ich der Spiegel sein,
in den du siehst,
wenn deine Augen leuchten.

Mehr mag ich
dir nicht zusagen.

Versprechen,
das sind Worte,
geschrieben in den Küstensand
bei Ebbe.

KEINE MINUTE LÄNGER

Zieh mir die Schleier
von den Augen weg.
Keine Minute länger
mag ich mich
hinter ihnen verstecken.

Nackt will mein Blick
eintauchen
in deinen nackten Blick.

Komm,
mach mir schöne Augen,
zieh mir die Schleier weg.

Von Anfang an

War es nicht so,
daß wir von Anfang an
in großer Höhe balancierten,
so schwindelfrei und sicher,
als hätten wir es jahrelang geübt?

Unsere Blicke,
wie von selbst entscheidend,
mündeten sie nicht ineinander
wie Flüsse aus zwei Quellen,
unwiderstehlich angezogen
von demselben Ziel?

FEUERVÖGEL

Als Feuervögel flogen wir
in das Land ohne Worte
und ohne Erinnerung,
wo jeder Augenblick
aus sich selbst entsteht
und nichts aufeinander aufbaut,
weil es keine Zeit gibt –

nur den Zauber,
der Träumen Wirklichkeit schenkt,
nur die berauschende Musik
ineinander versunkenen Lebens.

Als Feuervögel flogen wir
dem Himmel in die Arme
und kannten keine Grenzen.

Das war vor Tagen;
seitdem hat die Erde uns wieder.

Aber wer einmal so zusammen flog,
der will nichts andres mehr.

Das Schweigen zwischen uns

Ohne Worte kann ich
dir mehr sagen
als mit dem besten Gedicht,
das ich dir schreibe.
Das Schweigen zwischen uns
ist freier
als Sprache je sein kann;
was gesagt ist,
ist gefangen, preisgegeben
und klingt meistens
nicht neu.
Unser Schweigen
bewahrt sein Geheimnis
und läßt uns
gerade dadurch
an ihm teilhaben.

In der Magie

Wir wissen nicht,
wieviel Zeit uns noch bleibt.
Jeder Abschied
könnte unser letzter sein.
Die Liebe ist
noch unsicherer als das Leben –
und die Macher
stehlen uns Stück für Stück
die Zukunft aus dem Haus,
während wir unsere
Vergangenheit beerdigen.

Doch in der
Magie des Augenblicks
sind wir jenseits
von Zeit und Raum –
und nichts hat ein Ende.

LIEBE IST WICHTIGER

Liebe ist wichtiger
als Zwänge, Ängste
und alle noch so
hochvernünftigen Erwägungen,
wichtiger als die Zukunft,
wichtiger als Geduld
und die besten Absichten,
wichtiger als Kompromisse,
Hoffnungen und guter Wille,
so unermeßlich wichtiger
als alle Worte, aller Trost
und alle sogenannten
Notwendigkeiten.

Frag nicht warum.

Die mutigste aller Künste

Liebe ist die höchste,
die mutigste aller Künste.
Sie wagt die Bewegung ins Ungewisse
und kümmert sich nicht
um Verlust oder Gewinn.
Sie öffnet die Augen
für das Wunderbare;
sie ist das wahre Leben.

Sie ist ein Spiel
mit höchstem Einsatz –
ein Risiko, eine Gefahr.
Wer wagt, gewinnt –
auch durch Verlust.
Wer sich enthält,
bleibt armselig
und wird vorzeitig alt.

LASS UNS EINS SEIN

Laß uns nicht über den
Mangel an Liebe
auf der Erde reden,
wenn die Sonne
die Haut streichelt
und uns mit ihrer Wärme liebkost.
Berühr mich lieber.
Und ich schließe die Augen
und seh dich,
wie du wirklich bist.

Laß uns eins sein,
während alle Welt weiterhin
sinnlose Grenzen verteidigt –
Mauern um Herzen und Seelen,
vor denen die Lebensfreude
nur das Fürchten lernt.

INEINANDERGESUNKEN

Ineinandergesunken
lagen wir da
und atmeten
in einem Rhythmus.

Mir wurde schwindelig,
als ich versuchte,
mich von dir zu lösen.

Magnetische Umarmung –
ein Wahnsinnsglück.

MAGIE

Im Garten unserer Gefühle
wächst allerlei Wunderkraut,
damit brauen wir uns magische Tränke,
die zaubern uns die Schleier
vor den Augen weg,
durch die wir uns nicht
wirklich sehen.

TAUMEL

Alles in mir
taumelt dir entgegen,
überwältigt von deiner Anziehungskraft.

In aller Öffentlichkeit
drücken unsere Körper
sich aneinander wie
zwei Teile einer Einheit.

Menschen gehen an uns vorbei
wie Wesen einer anderen Welt,
deren Kälte uns nicht trifft.

HINTERHER

Hinterher
lagen wir noch lange
aneinandergeschmiegt,
und ich hätte
keinen Unterschied gespürt
zwischen deiner Wärme
und meiner,
keinen Abstand
zwischen unseren Gefühlen,
keine Grenze
hätte ich gefunden
zwischen dir und mir,
sofern es einen Sinn
ergeben hätte,
danach zu suchen.

VOLLTREFFER

Als meine Hand
sich warm auf deine
kühle Schulter legte,
traf mich der
Kuß deines Erzitterns
mitten ins Herz.

SCHAMLOS

Schamlos
soll unser Glück sein.
Hemmungslos
soll es sich feiern
und lieben.
Inmitten all der
Friedhofsgesichter
und Packeisgemüter
soll es vor Freude glühen
und funkeln
wie ein ferner Stern,
Wunder wirkend
und zu schön,
um nicht wahr zu sein.

WIE DU MICH NIMMST

Wie du mich nimmst,
wenn ich mich
dir gebe –
das nimmt mir
den Atem,
das schleudert mich
in den freien Raum
eines Gefühls,
das die Sterne
umarmt.

ÜBERALL

Wie soll ich je verstehen,
daß ein Mensch
so lieben kann wie du?

Dankbar für jeden Augenblick,
in dem ich deine Saat
in mir wachsen fühle,
schließe ich die Augen
und sehe dich
überall.

EIN ZÄRTLICHES GEFÜHL

Ein zärtliches Gefühl
ist noch nicht Liebe,
doch es genügt mir,
denn es ist tief
und warm genug,
darin ganz einzutauchen.
Momente ohne Zeit zu spüren,
lustvollen Frieden
von Kopf bis Fuß,
ein Lächeln im Herzen.

BLICKE

Wenn meine Hoffnungen
dir unverhofft aus
dem Gesicht lachen
und deine Träume
auf meiner
Nasenspitze balancieren,
tanzen unsere Herzen schon
lange eng und langsam
zu der Musik
unserer ineinander
spielenden Blicke.

FIEBER

Das Fieber deiner Liebe
kreist wie neues Blut
durch meinen Körper,
brennt und reinigt mich
von allem Unwesentlichen
und verändert das spezifische
Gewicht meines Lebensgefühls.
Tiefer und tiefer sinke
ich dem Grund entgegen,
wo sich tausendfach gewinnt,
was Mut genug aufbringt,
sich einmal restlos aufzugeben.

NACHSAISON

Ewigkeit lag in den Augenblicken,
und doch gingen sie zu schnell vorbei,
als wir die Sonnenuntergänge bewunderten
am Ende der Welt,
wo wir keine Adresse hatten,
nur uns und ein einfaches Apartment
mit Balkon und Blick aufs Meer.

Die Saison war längst abgelaufen.
Wir zählten zu den letzten Gästen
und hatten die Liebe zu Gast
wie eine unsichtbare dritte Person,
die mit uns lachte und aß und schlief,
die unsre Schritte lenkte
und unsre Hände mit Leben füllte,
wenn wir uns berührten,
die aus unsren Augen strahlte,
wenn wir uns anschauten und uns wortlos
unsre schönsten Geheimnisse anvertrauten.

VERTRAUEN

Darf ich mich fallen lassen
in deine Abgründe?
Ich möchte springen
von der Klippe dieses Augenblicks
in Tiefen deines Wesens,
die du noch nicht kennst.

Keine Angst,
ich bin kein Selbstmörder.
Mein Vertrauen in die Liebe
trägt mich sanft
ins Bodenlose.

Was sich sagen lässt

Ich liebe dich, wie du bist,
wollte ich sagen –
aber Leben ist Wandel,
und du bist Leben,
denn du liebst.

Ich liebe dich, wie du wirst,
sollte ich also sagen –
aber wie kann ich wissen,
was morgen ist?

So sage ich nur:
ich liebe dich –
das wenigstens
kann ich dir sagen,
wenngleich es schon
zuviel gesagt ist,
weil es zuwenig sagt.

KÜSSE

Wenn ich dich küsse,
dann tue ich dies nicht,
um dir zu sagen,
was für ein
wunderbarer Mensch du bist,
daß ich dich täglich sehen will
und ohne dich mein Leben
keinen Sinn mehr hätte.

Wenn ich dich küsse,
tue ich dies,
um dich zu küssen.
Denn deine Lippen
ziehen meine an.

Mehr weiß ich nicht.

ERWARTUNG

Komm, ich warte
heute abend nur auf dich!
Mein Herz schlägt Purzelbäume
auf der Wiese deines Kommens,
die Minuten drängen sich
wärmesuchend zusammen
und stehen Schlange
vorm Eingang deiner Ankunft.
Sesam, öffne dich,
sonst verwarte ich mich.

AUS DEINEN HÄNDEN

Du frohe Botschaft –
ich lese dich
aus deinen Händen,
wenn sie Gedichte
voller Zärtlichkeit
auf meine Haut streicheln.

ENTDECKUNG

Ich liebe dich,
das heißt,
ich will dich entdecken,
will Hülle für Hülle
von dir nehmen
und dir dabei
immer mehr Wärme geben,
damit du nicht frierst
in der zarten Blöße
deiner inneren Schönheit.

ZAUBERHAND

Wenn deine Fingerkuppen
in zartem Geben
über meine Haut streichen
und eine magische Glücksspur
hinter sich lassen,
bin ich ein wahres Kind,
das sich verirrt hat
und seinen Weg
nach Hause findet,
an deiner Zauberhand.

HERBSTABEND

Du liest in einem Buch.
Ich schaue dich an
und muß lächeln.
Herbstwind drückt gegen
die Fensterscheibe,
die Bäume verlieren
ihre letzten Blätter.
Das Buch unsrer Liebe
gewinnt von Tag zu Tag.

20 UHR 15

Wenn ich von dir gekommen bin,
versuche ich,
bei dir zu bleiben.
Du machst es mir leicht,
es geschieht fast
ohne mein Dazutun.

Während ich diese Worte schreibe,
denkst du an mich.
Sag nicht nein,
es ist Sonntag
und 20 Uhr 15.

ENTFERNUNG

Den Bauch voll von Trauben,
das Herz voll von dir,
zwischen uns vierhundertfünfzig
verdammte Kilometer,
und neben mir dies Telefon.

Ich kann kaum den Hörer abnehmen,
so schwach bin ich
vor lauter Gefühl für dich.

FREUDE

Ich lächle der Nacht
ins undurchdringliche Gesicht,
denn mein Empfinden
hat dein verborgenes
Leben aufgespürt
und sich liebkost gefühlt.

ES LIEGT AN UNS

Laß uns doch einfach
die Verwirrung genießen,
in die wir uns
gegenseitig gestürzt haben.
Sie ist Reichtum.
Wenn wir die ganze
Palette der Gefühle
plötzlich in der Hand halten,
liegt es an uns,
ob wir das Bild unserer Tage
mit den dunklen Farben
der Traurigkeit malen
oder den strahlenden Tönen
des Glücks.

Danke

Springen mußte ich
aus dem obersten Fenster,
als das Haus unserer Liebe
in Flammen aufging.

Doch deine freiwillige Feuerwehr
fing mich mit einem Sprungtuch auf
und brachte mich zitternd,
doch unverletzt nach Haus.

WIE KÖNNTE ICH

Da alles drunter
und drüber geht,
wie könnte ich Klarheit
von dir verlangen?

Wie könnte ich überhaupt
etwas von dir verlangen,
wenn alles, was uns
höher bringen kann,
wie von selbst geschieht,
aus freiem Willen kommt,
aus purer Lust,
Lebendigkeit zu zeugen.

TREFFSICHER

Du machst mich
auf unverhoffte Art glücklich
mit der treffsicheren Unschuld
deiner Berührungs- und Verführungskünste,
die sich von allen Seiten
an mich heranschleichen,
während ich gebannt dasitze
und mein Glück nicht fassen kann,
das sich zwischen uns tummelt.

IDEALES ZUSAMMENSEIN

Nähe ohne Beengung
Geben ohne Erwartung
Zärtlichkeit ohne Absicht
Spiel ohne Kampf
Vertrautheit ohne Ansprüche
Liebe ohne Forderungen
Zauber ohne Ende

HINGABE

Ich ließ dich spielen
auf dem Instrument
meiner Gefühle –

und wurde eins
mit der Musik,
die daraus entstand.

DURCH UND DURCH

Wenn du plötzlich
auf offener Straße
laut auflachst
und die Passanten dich
für verrückt halten –
dann weiß ich, Liebe
ist der Grund.

Wenn der Sommerwind dir
exotische Träume ins Herz weht
und du die Augen schließt,
weil du so viel mehr siehst –
dann weiß ich, Liebe
ist der Grund.

Doch wenn wir uns
so in die Augen schauen,
daß es mir durch und durch geht,
daß die ganze Welt um uns herum
zu existieren aufhört,
dann weiß ich nicht,
warum ich wunschlos glücklich bin
und zugleich weinen könnte.

Vielleicht ist das
der Regenbogen des Gefühls.

DER GANZE HIMMEL

Im tiefsten
Teil der Nacht
flogen wir
auf der Höhe
unsrer Träume.

Aus reiner Sehnsucht
waren die Flügel,
die uns über
uns selbst hinaustrugen.

Von dort oben
sah die Vergangenheit
so klein aus …

und der Augenblick
war der ganze Himmel.

KEINE MAGIE IST TIEFER

Ich könnte stundenlang
in deinen Augenseen
nach Liebesschätzen tauchen
und meinen Atem vergessen.

Keine Magie ist tiefer
als die Kraft,
die wir Liebe nennen.

Ich möchte noch wehrloser,
noch schwereloser werden –
wie eine kleine weiße Feder
in der offenen Hand des Zaubers.

Wenn ich mit dir bin

Wenn ich mit dir bin,
ist es leicht, mir treu zu sein,
denn ich spüre: was immer ich auch tu,
es ist das Richtige in deinen Augen.
Ich brauche nicht originell zu sein,
du willst nicht von mir unterhalten werden.
Wir lauschen ganz einfach der Stille
zwischen unseren Worten, die so viel sagt.

Freiheit in der Liebe heißt,
tief in sich selbst zu sein,
während man tief im anderen ist.

VON GLÜCK REDEN

Ich kann
von Glück reden,
mit dir schweigen
zu können
und unsre Blicke
tauschen zu lassen,
was das Herz begehrt.

GISCHT

Wir tranken
den Sonnenuntergang
über dem Meer
mit tiefen Atemzügen.
Unsere Freude
stand wie ein Fels
in der Brandung,
und unsre Liebe
flog wie die Gischt
hoch in den Wind.

Wir sahen uns nicht an,
doch unsre Blicke waren eins
hinter dem Horizont.

VERÄNDERUNGEN

Die Stadt, in der ich wohne,
ist nicht mehr dieselbe Stadt,
seit du bei mir wohnst.

Das Land, dessen Sprache ich spreche,
ist nicht mehr dasselbe Land,
seit du mir gesagt hast,
was keiner Worte bedarf.

Die Welt, auf der wir leben,
ist nicht mehr dieselbe Welt,
seit unsre Herzen sich drehen –
umeinander, wie im Tanz.

SO EINE LIEBE

Wenn ich einen Wunsch frei hätte –
ich würde mir eine
wahnsinnige Liebe wünschen,
die mich packt
wie der Wind eine winzige Feder
und auf und davon wirbelt.
Eine unfaßbare Liebe,
die mich gleichzeitig
zum Lachen und Weinen bringt
und mir keine Wahl läßt,
als frei und glücklich
und außer Rand und Band zu sein.
Eine, die mich ungeniert
aus meinem Kopf katapultiert –
hoch hinaus in ein Empfinden,
das sich selbst nicht fassen kann.

Eine Liebe,
die verrückt und süchtig macht
und die ganze Welt lachend
in die Tasche steckt wie eine Murmel.
So eine, die Gefühle weckt,
die nicht einmal ahnen,
daß es sie gibt.

ERNSTE ABSICHT

Wo alle Worte aufhören
und selbst Gedanken stören,
wo eine Wirklichkeit beginnt,
die dadurch schon befriedigt,
daß man sie annimmt,
dort will ich mit dir leben,
mit dir Wurzeln schlagen,
so tief und gründlich,
daß nichts und niemand
uns umwerfen kann.

SONNENKÄFER

Wie aus dem Herz
des Sonnenuntergangs
kam dieser kleine Käfer,
rot mit schwarzen Punkten,
auf den Rücken
deiner Hand
in meiner.

LOGISCH

Ich lieg jetzt
einfach hier
und mag mich,
sagst du.

Und ich lieg
neben dir
und mag mich.

Was Wunder,
daß wir uns mögen.

Und richtig
mit uns liegen.

SONNENSEELE

Ich lasse mich steigen
in die Höhen deines Wesens,
wo Liebe in immerfrischer Blüte steht,
wo Zweifel keine Wurzeln treiben können.

Ich lasse mich sinken
auf den Grund deines Herzens,
wo all der hohle Lärm verstummt –
und sich ein Paradies der Stille öffnet.

Ich lasse mich zergehen
in den warmen Strahlen deiner Sonnenseele,
im wissenden Fühlen,
aufs neue zu entstehen –
als in die Wirklichkeit
Hineinverzauberter.

MANCHMAL

Wie ein Wunder
liegst du bei mir,
liebst und atmest
Zauber in mich hinein –

Nase an Nase,
Lippen auf Lippen,
Vertrauen in Vertrauen.

Manchmal übertrifft
die Wirklichkeit
den Traum.

HANDKUSS

Ich küsse deine Hand.
Du schaust mich an.
Früher galt dies als
Höflichkeitsbeweis.
Ich hasse abgenutzte Gesten,
aber ich liebe deine Hände.

GEHEIMNIS

Im Beisein dieser Liebe,
die uns zärtlich umhüllt
in allsagendem Schweigen
und uns aufhebt in ihr
still-ekstatisches Geheimnis,
werde ich mit dir liegen,
deine warme Hand
in meiner spüren,
aus deinen Blicken
reines Leben trinken
und in dem sanften Rausch
unseres Ineinanderseins vergehen –
und eine Ewigkeit lang
nicht mehr auferstehen.

FASZINATION

Ich fühle deine Kraft
in meinen Händen,
deine Berührung
unter meiner Haut.
Ich habe von deinem Leben gekostet
und bin fasziniert –
aber mein Durst ist nicht gestillt.

Ich werde heute zu dir kommen
und mich an deiner Liebe betrinken,
bis ich dir mit dem Blick eines Berauschten
lächelnd in die Augen schaue,
als strahle aus ihnen
der Sonnenschein meines Lebens.

EIGENSCHAFTSWORTE

Unsere Liebe
kommt aus der Seele,
geht durch
Mark und Bein,
liegt uns
am Herzen,
hat Hand und Fuß
und Köpfchen
obendrein.

ZWEIFEL

ZWEIFLE NICHT

Stell doch nicht gleich alles in Frage,
was ich dir in Jahren
an Geborgenheit und Liebe gab,
wenn ich mal eine Woche
nicht aus vollen Händen geben kann.
Hab doch keine Angst
um die Fortdauer meiner Liebe,
wenn sie sich zurückhält dann und wann.

Sie lebt nach ihren eigenen Gesetzen,
sie überflutet dich immer aufs neue
mit Innigkeit und Wärme –
und weicht plötzlich scheinbar
ein Stück vor dir zurück,
als suche sie anderswo ihr Glück –
doch niemals länger,
als du es ertragen könntest.

Sie ist in ständiger Bewegung –
doch zweifle nicht an ihrer Treue.

WARNUNG

Sie wirft dir
Worte über
Worte in die Arme.
Weil sie gut klingen,
fängst du sie auf,
bis sie sich türmen
über deinem Kopf
und dir die Sicht versperren.
Dann ritzt sie dir
mit ihrem kleinen Messer
blitzschnell
ihr Zeichen in die Haut,
greift routiniert in deine Taschen
und eilt davon.

Du spürst nicht mal den Luftzug –
und hältst noch immer
ihre Worte fest,
hältst dich
an ihren Worten fest,
bis sie zerplatzen
wie Seifenblasen.

Und wenn du strauchelst,
wenn du fällst
und dir bewußt wird,
was geschah,
sag nicht,
du wärest nicht gewarnt gewesen.

JENSEITS ALLER ZWEIFEL

Jenseits aller Zweifel
liegt ein Land,
das uns gehört,
in dem wir
paradiesisch leben können,
wenn überfließende Liebe
uns die Grenzen
vergessen läßt,
die uns zur zweiten
Haut geworden sind.

HINTERGRÜNDE

Hinter deiner Härte
verbirgt sich Angst –
und hinter deiner Angst
steht Unsicherheit.

Laß doch die Fassaden fallen,
sei so unsicher,
wie du dich fühlst,
und warte nur:
früher oder später
hast du die Sicherheit entdeckt,
die ganz tief in dir steckt.

NUR EIN TEIL

Ich möchte dir
meine Liebe geben,
aber nicht mein Leben,
sagtest du mir.
Ich ergänzte in Gedanken:
also dein Herz,
aber nicht deine Seele;
dein Begehren,
doch nicht deine Hingabe.

Eine Liebe,
sage ich dir,
die nicht auch dein Leben ist,
ist keine ganze Liebe,
nur ein Teil.

Solange deine Liebe noch
getrennt von deinem Leben ist,
solange dein Herz nicht
dasselbe will wie deine Seele,
solange dein Begehren nicht
in deine Hingabe mündet,
wird meine Liebe nur
traurig den Kopf schütteln.

Denn ihr Weg führt
tief ins Untrennbare.

SCHEINSICHERHEIT

Immer wieder reden wir viel
zu viel und hemmungslos,
unterdrücken das Schweigen mit
der Freude an der Sprache,
die sich verselbständigt
zu einer Gewohnheit,
die mir Kummer macht
mit ihrer Reduzierung
undenkbarer Möglichkeiten
auf die Scheinsicherheit
unsrer Wortwechsel.

EIN LEBEN IST NICHT GENUG

Ein Leben
ist nicht genug,
um alles zu entdecken,
was zwischen uns
verborgen ist,

nicht genug,
um alles zu erwecken,
was noch schläft,
weil es nie
richtig wachgeküßt
worden ist.

HEIMATGEDICHT

All diese Arbeit
hat unseren Blicken
ihren Glanz genommen,
unseren Berührungen die Tiefe.
Die Aufgaben der letzten Zeit
sind unserer Liebe schlecht bekommen,
sie hat Substanz verloren,
sie hat entbehrt,
denn wir haben
zu lange von ihr gezehrt,
ohne sie zu speisen
mit Zärtlichkeit, zeitlosen Umarmungen
und jenem Schweigen,
das Worte ausschließt
wie eine Kerze das Dunkel.

Wir haben soviel nachzuholen!
Ein jeder Tag sollte
im Zeichen unserer Liebe stehen,
bis sie wieder voll erblüht ist
und uns mit ihrem Duft
verzaubert und geborgen hält
in der ihr eigenen, grenzenlosen Welt –

der Heimat unserer Seelen.

MÄNGEL

Manchmal
kommt mein Lächeln zu schnell,
wenn ich dich anschaue.
Nicht, daß es falsch wäre,
aber es könnte wertvoller sein,
es könnte tiefer gehen.

Manchmal
spüre ich hauchzarte Schleier
zwischen unseren Blicken,
wenn wir uns ansehen.
Nicht, daß wir uns
voreinander versteckten,
aber wir könnten offener füreinander sein,
schutzloser, restlos verletzlich.

Manchmal
spüre ich, daß etwas fehlt.
Nicht, daß ich unzufrieden wäre,
aber tief in mir bleibt
etwas zu wünschen übrig –
dort, wo ich schon so oft
wunschlos glücklich mit dir war.

PRÄGUNGEN

Laß mich ausreden,
sagst du mir —
weil deine Mutter
dir oft nicht
richtig zugehört hat.

Ich hab manchmal
panische Angst,
daß du einfach gehst,
sagst du mir —
weil dein Vater fortging,
als du noch ein Kind warst.

Ich bin nicht deine Mutter
und nicht dein Vater.
Vielleicht höre ich dir
richtig zu und vielleicht
verlasse ich dich nicht.

FREIHEIT

Du sagst,
ich soll dir
mehr Freiheit geben.
Wie kann ich dir geben,
was dir längst gehört?

Wenn du deine Freiheit
nicht in unsrer Liebe findest,
stimmt etwas nicht
mit unserer Liebe
oder mit deiner Suche.

WENIGER IST MANCHMAL MEHR

Manchmal mußt du
mich allein lassen,
damit ich das Gute,
das du mir gibst,
in mir nachklingen lassen kann.
Zuviel Honig
macht den Tee zu süß.

URTEIL

Sie verurteilte
die Liebe zwischen
ihm und ihr
zum Tode –

aus Angst,
ihr lebenslänglicher
Gefangener zu werden.

KONSEQUENZ

Wenn ich
nicht ein Weg
zu deinem Glück
sein kann,
will ich
deinem Glück
nicht im
Weg stehen.

DEINE ÄNGSTE HABEN ANGST

Deine Ängste haben Angst
vor meiner Liebe,
weil sie nicht blind ist,
weil sie durch die
Fassaden deines Lebens sieht,
als wären sie aus Glas.

Deine Ängste haben Angst
vor meiner Liebe,
weil sie die Wahrheit liebt
und deinem Schauspiel
den Applaus verweigert.

Deine Ängste haben Todesangst
vor meiner Liebe,
weil sie ihre Gesetze bricht
wie trockenes Holz
für ein Freudenfeuer.

MANGEL

Ihren Kopf umrahmen
die wunderschönsten Haare.

Auf ihr Gesicht fallen
die sehnsüchtigsten Blicke.

Aus ihrem Mund sprudeln
die klarsten Worte.

Und ihre Hände kennen
die besten Gesten.

Aber in ihrem Herzen wachsen
nur Mauerblümchen.

Restlos ratlos

Das Gute
ist so gut mit dir,
daß ich nicht verstehe,
wie das Schlechte
so schlecht sein kann,
daß es das Gute verschlingt
und keinen Rest übrig läßt,
von dem die Hoffnung
auf einen neuen Anfang
zehren könnte.

KNALLEFFEKT

Du hast
selten schöne Gefühle
in mir ausgelöst
und wieder ausgelöscht …
wie ein Kind,
das einen Luftballon aufbläst,
der in den Himmel steigen will,
und dann plötzlich
eine Nadel in ihn sticht.

Von solchen Knalleffekten
reicht mir einer.

Glaub mir,
wir hätten schönere
Explosionen erleben können.

ROLLENTAUSCH

Warum hab ich immer wieder
die Heimat unserer Liebe verlassen
und andere Gegenden erkundet,
die mir am Ende nichts gaben
als die Einsicht, wohin ich gehöre?

Damit nun du auf die Reise gehen
und deine Neugier stillen kannst,
während ich dort auf dich warte,
wo du so lange auf mich gewartet hast.

Und kommst du irgendwann
mit gleicher Einsicht wieder
und findest mich noch vor,
werden wir vielleicht
nur noch gemeinsam unterwegs
und überall zu Hause sein.

Was nützen Worte

Dein Lächeln ist nicht mehr genug,
deine Schönheit, deine Nähe,
wenn du die Gefühle,
die du in mir ins Leben rufst,
so schnell in die Verbannung
oder in den Tod schickst.

Ich hätte nie gedacht,
daß wir so tief fallen können.
Doch was nützen Worte,
wenn unser Schweigen versagt.

WERTSACHE

Als ich dir meine Gefühle
gern zum Geschenk gemacht hätte,
hast du gezögert, sie anzunehmen
und zu erwidern.

Was man so leicht bekommt,
kann nicht viel wert sein,
hast du vielleicht gedacht.

Als ich dir dann
nichts mehr zu geben hatte
als distanzierte Freundlichkeit,
wolltest du mit einem Mal
meine Nähe und Offenheit
um jeden Preis haben.

Dabei ist ihr Wert
immer derselbe geblieben.

Im Geheimnis

Wie unvergleichlich groß
kann Liebe sein,
wenn sie uns in sich aufnimmt
und unseren Augen Tränen schenkt
im Angesicht des Unsagbaren.

Und wir wollen Ewigkeit,
weil wir sie in uns spüren,
aber leben auch in einer Welt
mit tausend Sprachen,
preisgegeben der Vergänglichkeit,
und jedes Ding und jeder Mensch
hat seinen Namen.

Doch wir bekommen
unser Weltbewußtsein abgenommen
auf der Schwelle zum Wunderbaren
und treten ein in das Geheimnis,
das keinen Namen hat und keine Sprache –
und dennoch uns in allem,
was wir sind und sein könnten,
wortlos bei unserem
wirklichen Namen nennt,
uns birgt
in dankbarem Verstehen
des Unerklärlichen –
und uns im tiefsten Lächeln
traurig macht über all die Zeit,
in der wir nicht lebten,
nur älter wurden.

ZWISCHEN JA UND NEIN

Zwischen Ja und Nein
stehst du zu mir.

»Jain« steht auf dem
Zettel an deiner Tür.

Ich glaube, ich klopfe
lieber nicht mehr an.

Du bist bestimmt vollauf
beschäftigt mit deinen Zweifeln.

WELCHER WIND

Welcher Wind hat dich
an meine Bucht getrieben,
und welche Hoffnung
hielt dich am Leben
nach deinem Schiffbruch?
So wie du liegst
und schläfst im Sand,
scheinst du kein
Mißtrauen zu kennen.
Doch wenn du
die Augen öffnest
und mich anschaust,
wirst du alle sehen,
die dich enttäuschten –
wie eine Nebelwolke
zwischen dir und mir.

Welcher Wind
mag sie vertreiben?

ANGEBOT

Du sagst, du hast Angst
vor zuviel Gefühl in einer Beziehung,
denn aus Erfahrung weißt du,
daß es dich überschwemmen kann.
Du sagst, du hast Angst,
dann nicht mehr klarzukommen
mit all den Zwängen,
denen dein Leben ausgeliefert ist.
Du kannst dir Schwäche nicht erlauben
in einer Wirklichkeit,
die Stärke von dir fordert,
zumal du sie verändern willst.
Du sagst, du möchtest wissen,
was du tust,
du kannst dir Risiken nicht leisten.
Du hast deine Erfahrungen gemacht
und weißt, wo deine Grenzen liegen.

Ich weiß, die Grenzen in dir
werden von guten Gründen
für ihre Existenz geschützt,
und in dem Gebiet,
das sie umschließen,
kannst du dich frei bewegen,
auf sicherem Terrain.
Packt dich denn nie die Reiselust?

Du hast dich gut an sie gewöhnt,
und darum will ich dir
auch keine deiner Ängste nehmen;
im Gegenteil, noch eine weitere
wär ich imstande, dir zu geben:
die Angst vor deinen Ängsten.

WORTE

Du bist über mir
wie ein weit offener Himmel;
ich atme deine Freiluft.

Du bist unter mir
wie ein frischer fester Boden,
der mich trägt
und unter meinen Schritten lebt.

Du bist in mir.
Ich fühle deine Kraft
als meine,
ich bin erweitert
um deine Lebendigkeit.

Ich sage,
so bist du,
aber was ist schon damit gesagt?

Dich zu beschreiben,
weiß ich keine Sprache
außer der des Schweigens.
Bilder zeigen deinen Weg nicht,
Worte suchen vergeblich deine Spur.

LIEBLOSE LIEBE

Deine Liebe
ist ein Stein, eine Rache, ein Triumph,
eine Art von Wahnsinn –

ist eine Angst vor deiner eignen Tiefe,
ein Zurückweichen, hilfloses Zögern,
und doch so mutig –

ist ein trauriges Gedicht,
ein Schlußpunkt
hinter einem Widerspruch,
ist eine Grenze,
die nicht überschritten werden darf –

ist eine Maske, ein Kompromiß,
und doch ein heiles Stück Natur,
ein Fließen mit dem Strom –

ist mir ein Rätsel, ein Geheimnis,
leicht zu zerstören,
schwer zu verstehen,
kaum zu ertragen.

Grausam und wunderbar,
lieblos ist deine Liebe –
und doch so stark,
daß ich nicht lassen kann
von ihren Schwächen.

ENTSCHEIDUNGSFRAGE

Um sie zu bewahren,
mußte ich meine Gefühle
zu dir vor dir verstecken,
tief unter meiner Haut.

Wenn du sie finden willst,
mußt du ganz aus dir heraus
in mich hineingehen.

Dann wird sich zeigen,
was dir wichtiger ist:
unser freier Himmel
oder dein Schneckenhaus.

Trennung

IST ES NICHT SCHADE?

Ist es nicht schade,
daß die Pflanze unsrer
Gefühle schließlich doch
eingegangen ist?
Wie oft haben wir sie
mit neuer Hoffnung gedüngt,
wenn sie ihre Blätter hängen ließ!
Vielleicht hatte sie nicht
den richtigen Platz
in unserem Leben,
vielleicht bekam sie
nicht genug Licht.

Sie war ein anspruchsvolles Wesen –
was sie zum Wachsen brauchte,
konnten wir ihr
am Ende nicht mehr geben.

Doch der Duft
und die Schönheit ihrer Blüten
werden in uns weiterleben.

NACHGESCHMACK

Mit dir hat mir
das Leben so gut geschmeckt,
und nun ist nur ein
bitter-süßer Nachgeschmack geblieben,
nicht mal ein Foto,
nicht mal ein Brief,
nur die Erinnerung
an eine Nacht,
die einmalig sein sollte,
weil du es so wolltest –
und ich dich zu sehr liebte,
um nach dem Grund zu fragen.

ES IST AUS

Es ist aus,
und es wird
keinen neuen Anfang mehr
zwischen uns geben.
Der Hagel der Enttäuschung
hat alle Knospen zerstört,
die noch hätten blühen
und uns die Augen
öffnen können
für die Pracht,
die wir verloren haben.

Du hast mir
so viel gegeben
in der viel
zu kurzen Zeit
unserer Verzauberung.

DIESER ZAUBER

Ich werde diesen Zauber
nie vergessen, den du
zwischen uns erweckt hast –
gleich in der ersten Nacht.
Auch wenn es schien,
daß er verlorenging
auf den nebligen Wegen,
die uns auseinanderführten –
ich habe ihn nie aufgegeben,
habe ihn hochgehalten
über all die Konfusion,
all die Unstimmigkeiten,
die uns zu Fremden machten –
uns, die wir uns
Paradiese schaffen konnten,
wunderzarte Seifenblasenwelten,
die im Explodieren
unsre Träume fallenließen,
ehe sie flügge waren.

Doch diesen Zauber
habe ich mir in
seiner ganzen stillen
Unerklärlichkeit bewahrt.
Er lebt weiter,
dein beseelendes Geschenk
an mein Leben.

NICHT MAL EIN LÄCHELN

Wenn Verheißung
in Enttäuschung umschlägt
und helle Freude
in Traurigkeit ertrinkt –
wenn ein Mensch,
in dessen Nähe
vor ein paar Tagen noch
das Glück berührbar war,
jetzt nicht mal mehr
ein kleines Lächeln
aus dir hervorlocken kann,
dann ist es gut,
daß die Sonne scheint
und ein bißchen Geld
im Portemonnaie steckt,
mit dem du dir
in einem Plattengeschäft
Musik kaufen kannst,
die im Herzen verstummt ist.

ENTSCHLUSS

Ich habe den Weg unserer
Möglichkeiten verlassen.
Er wurde mir zu dornig,
und mein Gefühl zu dir
mußte auf nackten Sohlen gehen,
denn es fand keine Schuhe,
die ihm paßten.

Mir ist dieser Entschluß
nicht leichtgefallen,
ich habe ihn hinausgezögert
bis an die Grenze
meiner Gutwilligkeit –
doch Schritte,
die zu sehr schmerzen,
führen nicht in die Freiheit,
die ich meine.

ZIRKUS

Ich war der magische Clown
mit dem verrückten Grinsen,
der immer wieder unbeholfen
über seine eigenen Illusionen stolperte
und dich zum Lachen und Weinen brachte.

Ich zog kleine Wunder
aus dem Zylinder meiner Sehnsucht
und verwirrte dich mit meiner Poesie
in der Geheimsprache der Herzen.

Ich flog als tollkühner Trapezartist
ohne Netz durch die Lüfte des Augenblicks
und warf dir Handküsse in die Tiefe zu.
Du warst mein ganzes Publikum,
ich habe nur für dich gespielt,
gesungen und getanzt –
und meine Augen suchten immer wieder
nur dein Gesicht, nur dein Lächeln.

Ich habe Feuer geschluckt
und rostige Schwerter,
auch den oft schwachen Beifall,
selbst deine plötzliche Abwesenheit –
das war mein allergrößtes Kunststück.

Doch nun ist der Zirkus aus,
und in der Dunkelheit der Manege
verliere ich meine Blindheit,
die einmal Liebe war.

DAS GESCHENK

Sie schenkte ihm ihre Probleme,
liebevoll eingepackt
in Zärtlichkeit und Leidenschaft.

So sehr er sich auch bemühte:
er konnte sie nicht lösen;
so gab er ihr
das Geschenk zurück.

Da wollte sie auch
die Verpackung wieder haben.

Aber er hatte daraus
Papierschwalben gefaltet,
die waren ihm
längst davongeflogen.

Denn du schaust mich an

Nun mauere ich
den schmalen Durchgang,
den ich nicht ohne Mühe
zwischen uns geöffnet habe,
wieder zu.
Was nicht geht, geht nicht,
sage ich mir und setze
Stein auf Stein.
Enttäuschte Hoffnung
ist ein tüchtiger Maurer.

Nur den letzten Stein,
der die Mauer schließt,
kann ich nicht setzen.

Denn du stehst
auf der anderen Seite
und schaust mich an.

So weit entfernt

Dein Gesicht
hat sich so weit
von meinem Traum entfernt,
daß ich es nicht mehr
vor mir sehen kann,
wenn ich die Augen schließe
und das Wort »Glück« denke,
auf das dein Name
sich einmal gereimt hat.

ABSCHIED

Ich hab dich lieb
und muß wohl blind
vor Liebe sein,
sonst sähe ich ein,
was unumgänglich ist
aus deiner Sicht.

So kann ich nur
den Ort verlassen,
an dem ich mich
verlassen fühle,
und meines Weges gehen –
Hand in Hand
mit der Hoffnung,
daß wir uns hinter
der nächsten Biegung
wieder sehen.

WENN UNSRE LIEBE

Wenn unsre Liebe
ein hoher Baum war,
der in den Himmel wachsen wollte,
hat ein Unwetter ihn entwurzelt.

Wenn unsre Liebe
ein stolzes Schiff war,
auf großer Fahrt ins Wunderland,
hat ein Eisberg es versenkt.

Wenn unsre Liebe
ein herrlicher Palast war,
mit tausend geheimen Türen,
hat ein Erdbeben ihn zerstört.

Wenn unsre Liebe
ein Kind war,
ist es an einer
Kinderkrankheit gestorben.

Jetzt treffen wir uns
von Zeit zu Zeit
an seinem Grab,
auf dem das Gras
schon hoch gewachsen ist –
und gehen schließlich
miteinander um wie zwei,
die Freunde werden möchten.

PASSÉ

Hast du gewonnen?
Hast du verloren?
Dein Spiel hatte mich gereizt.
Mich faszinierte der Ernst,
mit dem du dich ihm hingabst,
die Selbstverständlichkeit,
mit der du es zu einem System machtest,
zu deinem einzigen Glauben.
Tut mir leid,
daß ich ein Spielverderber bin,
doch meine Bewunderung hat nachgelassen –
deine Regeln machen mich mürbe:
ich passe;
ich passe nicht
in dein System,
meine Antworten
reimen sich nicht
auf deine Fragen.

Ein paarmal glaubte ich,
dich zu sehen, wie du wirklich bist –
hinter den Barrikaden deiner Regeln;
inzwischen sehe ich
nur noch die Schwindel-Freiheit,
mit der du dich im Kreis bewegst.

ENTARTUNG

Wir haben gut gekämpft,
uns nichts geschenkt.
Wir haben uns beobachtet
wie ein Boxer den anderen,
nach Deckungsschwächen suchend,
um Stärke zu beweisen.
Wir haben Hiebe ausgeteilt
und gingen in die Knie,
erst ich, dann du,
und kamen uns sehr dumm vor,
denn angefangen hatte alles
mit Umarmungen.

Nicht mich

Du hast deine Macht
über mich verloren,
weil du sie mißbraucht hast.

Nun wirst du gehen,
weil du deine Macht
über mich geliebt hast,
nicht mich.

EINERLEI

Als die Frühlingssonne
die Knospen der Bäume öffnete,
hast du dich mir verschlossen.

Als die Luft warm wurde,
hast du versucht,
meine Gefühle auf Eis zu legen.

Als dann der Regen kam,
wolltest du wieder schönes Wetter
zwischen uns machen.

Doch dazu gehören zwei –
und was du willst,
ist mir inzwischen einerlei.

SEHNSUCHT

ERST DANN

An dich denken
hilft mir nicht,
wenn ich dich
nicht in mir fühle.

Mich auf dich freuen
ist ein schwacher Trost,
wenn wir uns zu lange
nicht gesehen haben.

Erst wenn du
wieder da bist,
wenn uns der Zauber
wieder trägt und mit
seinen Wundern erfüllt –
dann ist es mir,
als hätte er nie
nachgelassen.

INEINANDER

Laß es nie normal
werden zwischen uns,
damit kein einziger
Alltag uns befällt
wie eine Krankheit.

Laß uns im Freien wachsen –
jenseits der Zäune und Mauern,
hinter denen Natur betrogen
und die Zeit versklavt wird.

Kein Staub
fällt auf Blicke,
die ineinander
ihren Sinn sehen.

LETZTE HOFFNUNG

Ich schenkte dir meine Liebe;
du gabst mir dein Zögern.
Ich schenkte dir meine Poesie;
du gabst mir dein Schweigen.
Ich schenkte dir meine Visionen;
du gabst mir deine Wirklichkeit.
Ich schenkte dir meinen guten Willen;
du gabst mir deine Launen.
Ich schenkte dir einen Garten;
du gabst mir brachliegendes Land.

Jetzt gebe ich dir dieses Sackgassengedicht.
Schenkst du mir neue Zuversicht?

TIEFENSEHNSUCHT

Klug und liebenswert
sind deine Worte allemal,
doch was können sie bewirken?
Ich will die Sprache
deines Körpers verstehen lernen,
das Schweigen deiner Seele spüren,
Boden um Boden unter uns verlieren
und fallen, fallen –
in immer tiefere
Gründe der Seligkeit.

KOMM DOCH

Es gibt
einen Ort in dir,
der keine Trennung kennt.
Wir waren viel zu lange
nicht mehr dort.

Weißt du den Weg
nicht mehr?

Komm doch mit mir
in dich hinein:
dort warten wir
auf uns.

SOUVENIR

Sie stand vor meiner Tür
und brachte viel Liebe mit.
Wir hatten uns sehr lange
nicht mehr gesehen.
Zu lange, sagte sie,
um Worte darüber zu verlieren.
Dann lächelte sie mich an
und versteckte ein Souvenir
in meinem Herzen,
das ich erst entdeckte,
als sie wieder fort war.

BEGEGNUNG

Dein Kuß war warm
wie ein schöner Sommertag,
und deine Blicke
hatten es in sich.
Ich hätte stundenlang
so sitzen können,
Blick in Blick mit dir –
trotz all dem Neonlicht
und den zahllosen Menschen
um uns herum –

aber wir hatten
nur noch ein paar Minuten,
dann sagtest du
ganz leise »Tschüs«,
schenktest mir diesen Sommerkuß,
standst auf und gingst.

Ich blieb noch glücklich
eine gute Weile sitzen,
um den Nachklang
unserer Begegnung zu genießen.

Eigentlich hätte ich
traurig sein müssen.

GEHEIME WEGE

Dann und wann,
wenn wir zusammen sind,
empfinde ich mich
innerlich getrennt von dir,
und wenn ich
wieder allein bin,
fühle ich deine Liebe
warm und mächtig
um mein Herz herum –
und etwas öffnet sich
in mir für dich.

Auf unseren
geheimen Wegen zueinander
ist körperliche Nähe
manchmal hinderlich.

AM FENSTER

Am Fenster stehend
überkommt mich ein Gefühl
von grenzenloser Dankbarkeit,
in unserer Liebe füreinander
leben zu dürfen,
von der ich
in der letzten Zeit
zu wenig sah und verstand.

Ich schließ die Augen.

Und dann auf einmal
begegne ich dir in mir
mit einer immer
tiefer gehenden Umarmung –
und bin erlöst
vom Warten.

Nie weiss man

Liebe ist der gemeinsame Versuch,
den Abgrund
zwischen Sehnsucht
und Wirklichkeit
zu überbrücken.
Magie ist der
einzige Stoff,
aus dem diese Brücke
gebaut werden kann.
Es ist ein Glücksfall,
wenn der Versuch gelingt.
Und nie weiß man,
wie lange die Brücke trägt,
denn der Zauber geht
so leicht verloren.

ICH KOMME

Deine Augen – wie Fenster,
die sich öffnen ins Freie,
in den inneren Sonnenschein –
und ich kann fliegen
im warmen Aufwind
deines Lächelns.

An der Quelle dieses Lächelns
stillt meine Sehnsucht
ihren tiefsten Durst,
und ich komme –
ich komme zu ihrem Wasser,
um mich taufen zu lassen
auf den Namen
deiner Liebe.

GLEICHGEWICHT

Ich brauche
so viel von dir,
wie ich dir gebe,
um dir immer mehr
geben zu können.

Nur eine Ebene,
die wir zugleich ersteigen,
ist ein tragfähiger Boden.

Ein Gleichgewicht,
das sich in immer
größere Freude steigert –
so spiegelt sich
die Liebe in den Augen
meiner Sehnsucht.

UND DOCH

Ich fühl mich dir so nah,
daß es schon fast gefährlich wäre,
jetzt zu dir zu fahren –
durch Straßen ohne Licht und Liebe:
ich könnte mich von dir entfernen
bei dem Versuch,
dir noch näherzukommen.

Du bist so tief in mir.
Wo anders soll ich dich also suchen
und besuchen als jetzt und hier?

Und doch wär ich
so gern bei dir.

NOCH IMMER

Ich habe noch immer
eine starke Schwäche für dich,
und wenn wir uns
noch einmal das Wasser reichten,
könnte sich leicht daraus
ein neues Feuerwerk entzünden –

wie damals in der ersten Nacht,
als wir uns in die Arme sanken,
weil es nichts gab,
was natürlicher gewesen wäre.

LATERNE

Laß uns den Abend abbrennen
wie eine Kerze.
Leg eine Platte auf,
setz dich zu mir aufs Bett
und schließ die Augen:
wir müssen uns wieder sehen lernen.
Der Winter war zu hart,
die Kälte hat uns krank gemacht,
und viel zu lange ist es her,
seit wir in einem Rhythmus atmeten.
Mach dein Haar auf –
mach dein Herz auf –
die Musik ist unser Freund.
Zünde unser Licht an
und laß uns den Abend
wie eine Laterne
durch das Dunkel tragen,
in dem wir so lange gewartet haben.

Ich bring dir Muscheln mit

Du siehst so verschlossen aus.
Selbst meine mutigsten Blicke
können dich nicht erreichen.
Ich weiß, wovor du Angst hast.
Zieh deine Zäune,
Zäune machen gute Nachbarn.
Vielleicht kannst du ja
meine Pflanzen gießen,
wenn ich auf Reisen bin.
Ich bring dir dafür
Muscheln von den Stränden mit.
Und wenn wir uns sehen,
schauen wir uns
aus sicherer Entfernung an,
um nicht versehentlich
ein neues Feuer zu entzünden.

WIE EIN STEIN

Nach zu vielen Tagen,
in denen wir
zu wenig voneinander hatten,
tauchte ich ein
in deine Schönheit und Wärme
und sank und schwebte
bis auf den Grund –

wie ein Stein,
der mir vom Herzen fiel.

Eines Abends vielleicht

Können wir uns
die halbherzigen Gefühle
von der Haut streicheln,
all die bequemen Kompromisse
von der Seele waschen mit dem
Heilwasser unserer Liebesquelle?

Wird es eines Abends,
wenn wir uns ganz tief
in den Armen liegen,
keine Vergangenheit mehr
zwischen uns geben,
die uns hindert,
den kostbaren Traum,
den wir so lange träumten,
endlich zu leben?

WEITSICHT

Sachzwänge
heißen die Wüsten
der Seele,
trocknen die Erde
der Gefühle aus,
bis ihre Blüten fallen.

Ich falle nicht
herein auf die Fata Morgana
vorschneller Reue:
jede Durststrecke
hat ein Ende.

Ich schließ die Augen
und seh es kommen:

mein Blick wird Liebe
sein für dich
in Bälde, immer aufs neue.

LIEBE IST ETWAS LEICHTES

Mach es uns
nicht so schwer –
Liebe ist etwas Leichtes.

Wie könnte sie sonst
so hoch über die Grenzen
der Welt hinausfliegen,
so anmutig und sanft
die Schwerkraft der
Ängste und Zweifel besiegen?

Laß es uns leicht halten –
schwere Herzen kommen
nicht vom Boden los
und bauen sich schöne
Luftschlösser als Trost,
in denen spuken dann
Gespenster unerfüllter Sehnsucht.

NUR DU

WENN ICH SCHWEIGE

Wenn ich schweige
und die Augen schließe,
schließ daraus nicht,
daß ich mich langweile
oder müde bin –

ich bin hellwach
und lausche dem,
was du mir
ohne Worte sagst.

Du bist eine Blume
in zartem Sommerwind,
die ihren Duft dem schenkt,
der ihn wahrnimmt.

TIEFE TRÄUME

Du schenkst mir
tiefe Träume.
In ihnen sinke ich
den Dingen,
die mich aufwühlten,
auf den Grund
und sehe klar:

deine Liebe ist
ein unerforschliches Geheimnis.
Ich taste nicht mehr
mit unruhigen Händen
nach dem Unberührbaren.

FUSSNOTE

Du ziehst mir
den Boden unter
den Füßen weg,
und ich falle –

dir zu Füßen.

ERINNERUNG

Wenn dein Bestes plötzlich
nicht mehr gut genug ist,
und andre ihre Stärke
an deinen Schwächen messen,
sich Bilder von dir machen,
um sie aufzuhängen
an der Wand,
die sie gegen dich errichten,
dann vergiß nicht:
ich glaub an dich.

MÖGLICHE NEBENWIRKUNG

Wenn du mich
gewinnen willst,
mußt du dich
in mir verlieren.

Vielleicht findest
du dabei viel mehr,
als du erwartest:
dich selbst.

KLARER SPIEGEL

Wahrheitsliebe
erhellt den Raum um dich;
in deiner Gegenwart
läßt sich klar sehen.
Dein Schweigen macht Mut;
deinen Worten schenkt
Glauben sich ohne Zögern.
Du bist ein klarer Spiegel;
wer dich besucht,
schaut sich
ins eigene Gesicht.

GLAUBE

Du gibst mir
meinen Glauben wieder,
den ich aufgegeben hatte,
als er keine
Berge versetzen konnte.

Nun lasse ich ihn
sein eigener Sinn sein
und sehe Wunder über Wunder
aus ihm entstehen.

URSACHE UND WIRKUNG

Dadurch,
daß du von Anfang an
bedingungsloses Vertrauen
in mich gesetzt hast,

ist es mir möglich geworden,
es zu rechtfertigen.

ERMUTIGUNG

Steh zu dir,
sooft du auch
gefallen bist.

Nimm dich wahr,
wie lange du dich
auch verleugnet hast.

Bleib dir treu,
sooft du dich auch
noch betrügen magst.

Geh mit dir,
und wenn du dich
tausendmal in die Irre führst.

Nick dir zu,
selbst wenn die ganze Welt
den Kopf über dich schüttelt.

Glaub an dich,
dann hast du eine Religion,
die dir weiterhilft.

EISPRINZESSIN

Wenn irgend jemand
irgendwann einmal
so warme Gefühle
für dich bekommt,
daß sie es schaffen,
all dieses Eis
um dich herum
ganz einfach abzutauen,
wirst du dich wundern
über die ganze Schönheit,
die du hast vereisen lassen,
ohne sie richtig anzuschauen.

KONTROLLE

Frei und beschwingt
solltest du sein,
nicht der Spielball
eines Mannes,
der dir nachspioniert,
dich kontrolliert.

Kontrolle ist der Totenschein
von Liebe und Vertrauen,
der Wille zur Macht
über einen anderen Menschen,
die Angst vor seiner Freiheit.

Aber beherrscht werden
kann auf die Dauer nur,
wer sich beherrschen läßt.

UNGESTELLTE FRAGE

Du paßt auf dich auf.
Dein freundlich lächelndes Gegenüber
könnte ein Bandit der Liebe sein,
der nur nach deiner
schwächsten Stelle sucht,
um sich die Arbeit zu erleichtern.

Du hältst dich zurück.
Hat man nicht oft genug
auf dich gezielt,
wenn du aus deiner Deckung kamst,
um dein Gesicht zu zeigen?
Hat man nicht oft genug
deine Gefühle ausgebeutet,
wenn du sie aufgeschlossen hast –
dem vermeintlichen Wunder?

Du hast gelernt
aus den Erfahrungen der Jahre;
wer dich verletzen will,
sagst du mit fester Stimme,
der beiße auf Granit –
und dein Blick wird hart.

Ich wage nicht zu fragen,
ob du vielleicht
mit großem Aufwand nur
ein leeres Herz bewachst.

ABSURDE SITUATION

Ich berühre dich,
ohne dich zu erreichen.

Ich küsse dich
durch eine unsichtbare Wand.

Ich umarme dich
aus weiter Ferne.

Ich bin zusammen
mit dir allein.

INDEM DU BIST

»Aufgehende Sonne«
ist mein Name für dich,
denn du erweckst
schlafende Möglichkeiten,
du erwärmst die Atemluft
der Seele,
du gibst aus vollen Händen,
manchmal mehr,
als ich aufnehmen kann:
ich fließe über
und sammle mich
in Gedichten an dich.
Du gibst,
indem du bist.
Wie gut,
daß es dich gibt.

LIEBE

Liebe –
so ein gutes Kind.
Sperr es nicht ein
in deinem Herzen,
laß es frei
und groß werden.

Erst wenn es
dir über den Kopf
gewachsen ist,
kannst du
über dich
hinaussehen.

ERSATZ

Du hast mir ein Lächeln
auf mein Gesicht geliebt,
und ich wollte dir
ein Gedicht darüber schreiben,
über dieses Lächeln
und seine Unschuld
und so weiter –

aber als ich darüber nachdachte
und nach den richtigen Worten suchte,
begann das Lächeln zu verschwinden,
und ich gab das Gedicht schnell auf –
es wäre zu teuer bezahlt gewesen.

Später schrieb ich dir dies statt dessen.

UNENDLICHE GESCHICHTE

Du läßt es weiterleben,
dieses verrückte Glücksgefühl,
das in mir wächst,
wenn ich dir nah bin.

Wir sagen uns zwar
»Tschüs« am Telefon,
doch das wortlose
Zwiegespräch unserer Herzen
geht weiter und weiter.

Du läßt es andauern.
Du verstehst die Kunst,
Gefühle zu verschenken,
die keine Zeit kennen.

AN EINE WANKELMÜTIGE

Deine Briefe und Anrufe
gleichen stürmischen Winden
aus wechselnden Richtungen.

Aber wie sieht es
in dir aus,
wenn es ganz
windstill ist?

GIB GUT AUF DEINE TRÄUME ACHT

Gib gut
auf deine Träume acht,
ohne sie bist du
verraten und verkauft.
Gib ihnen nur das Beste,
lies ihnen jeden Wunsch
von den Augen ab –
und laß sie niemals warten.
Halt warme Kleidung
stets für sie bereit,
wenn sie spazieren wollen
in der Weltgeschichte,
in der es für sie,
selbst im Hochsommer,
oftmals schneit.

Gib gut
auf deine Träume acht,
sonst fliegen sie davon.
Und mit ihnen
deine Flügel.

DIESES GEWISSE ETWAS

Etwas selten
Schönes in dir,
kleine Muschel,
das leuchtet
wie eine Perle,
wenn du dich öffnest.

Dieses gewisse Etwas
hat mir geholfen,
deine harte Schale
zu verstehen und
besser mit ihr umzugehen.

AUF DER DURCHREISE

Auf der Durchreise
war deine Liebe
in meinem Herzen.

Vielleicht war es
für sie nur
ein Dach überm Kopf
für eine Nacht …

Oder hatte sie
es so eilig
aus Angst,
den Grund
zum Weiterreisen
zu verlieren?

KOMPLIZEN

Du siehst mich
durch dein großes Fenster
zu dir kommen
und gönnst dir schon
ein kleines Lächeln,
das deinem Leben gilt.

Ich stolpere durch deine Tür,
so wie du mich gern stolpern siehst,
und hänge meine Skrupel
an deiner Garderobe auf.

Ich stottere meinen Willkommensgruß
und steche mich
an den Dornen
der Rosen für dich.

Du drehst dich langsam
zu mir hin,
du hältst die Welt
in deinen Händen.
Ein neuer Plan
funkelt aus deinen Augen,
und wieder bin ich
dein Komplize.

HELLE SICHT

Dein Gesicht,
bis auf die Augen,
überspült von Wellen
aus Licht,
und ich sehe hell:

Du wirst blühen
und unsre Herzen
mit einem Duft
erfüllen,
der nicht welkt.

Nur für dich

Für dich lasse ich meine Blicke aufblühen,
gehe in meinen Gefühlen baden,
putze meine Gedanken,
bis sie glänzen.

Für dich tanze ich auf einem Bein,
singe laut auf offener Straße,
mache mich zum Gespött der Leute.

Für dich bringe ich mir die Flötentöne bei,
heule den Mond an,
frühstücke um Mitternacht.

Für dich nehme ich das Leben
auf die leichte Schulter
und gehe damit
bis ans Ende der Welt –
wenn du dort auf mich wartest.

Hans Kruppa

»Er vermittelt durch seine Arbeiten Hoffnung, Lebensbe-
wältigung, Kraft. Und das macht ihn so wichtig.«

Passauer Neue Presse

»In seinen Gedichten erweist sich Hans Kruppa einmal
mehr als unangefochtener Meister der Liebeslyrik.«

Stuttgarter Nachrichten

»Hans Kruppa ist einer der bekanntesten und wohl auch
besten deutschsprachigen Märchenautoren.«

Deutscher Depeschen Dienst

Eine Auswahl seiner Bücher:

Nur für Dich. Gedichte. 1983

Das Zauberbuch. Ein Märchen. 1987

Kaito. Ein Märchen. 1988

In Deiner Nähe. Liebesgedichte. 1991

Die Legende von Tay Manka. Ein Märchen. 1993

Delphine. Roman. 1996

Der Wunschkristall. Ein Märchen. 1998

Amanda und das Zauberbuch. Ein Märchen. 1999

Nur Du. Liebesgedichte. 2000

Für immer Du. Liebesgedichte. 2001

Zauber der Seele. Gedichte. 2002

Umarme die Liebe. Gedichte. 2003